ROITS D'ATTACHES

et de Stationnement des

somme ou de trait, Voitures, Carrioles, Brouettes, etc.

PENDANT LA DURÉE DES

MARCHÉS

DANS LES SIX ARRONDISSEMENTS DE LYON

du 1er janvier 1896 au 31 décembre 1900

CAHIER DES CHARGES

AVEC NOTES ET OBSERVATIONS

A l'usage des Propriétaires, Cultivateurs et Maraîchers

PAR

M. J.-B. PIAUBERT

Directeur de Contentieux, Ancien Officier Ministériel

EN VENTE CHEZ TH. GRASSER

AGENCE GÉNÉRALE DES JOURNAUX

5, Rue Thomassin, 5

LYON

AU

SOUVENIR de BÉRANGER

(Angle de la rue Thomassin, en face des Deux Passages)

Maison André ALBERT

Fondée en 1848

Cette Maison prévient sa nombreuse et vieille clientèle qu'elle trouvera toujours, comme par le passé, un choix immense de

VÊTEMENTS

confectionnés et sur mesure
POUR
HOMMES & GARÇONNETS

APERÇU DE QUELQUES PRIX :

Complets cheviotte toutes nuances, croisés ou droits, de.	**19 f**	à **55 f**
Complets nouveauté, de	**22**	à **50**
Complets Corskrow inusable, de	**30**	à **60**
Complets jaquettes noir ou bleu, de	**35**	à **75**
Complets cérémonie, jaquette ou redingote, de ..	**55**	à **90**
Complets jeunes gens, séries répétées, de	**15**	à **30**
Pardessus exclusif « **Le Béranger** », à		**19**
Pardessus fantaisie, toutes nuances, de	**12**	à **60**
Pardessus Montagnac, doublés chaudement, de	**45**	à **80**
Complet beau velours, à		**35**

CHOIX IMMENSE DE COSTUMES D'ENFANTS

Modèles riches. — Formes variées

LYON, 47, rue de la République, 47, LYON

Restaurant Boitet

Rue Puits-Gaillot, 7

LYON

SERVICE A LA CARTE

Potage gras ou maigre...	0.10	Friture petits poissons...	0.25
Hors-d'œuvre	0.15	Brochets sauce câpres ...	0.25
Bœuf nature	0.25	Pommes sautées ou frites.	0.15
Civet de lapin	0.25	Choux-Fleurs	0.15
Petits pâtés aux quenelles	0.25	Macaronis	0.15
Fricandeau à l'oseille....	0.25	Epinards, œufs à l'oseille.	0.15
Blanquette de veau	0.25	Langouste sauce mayonn.	0.70
Navarin aux pommes	0.25	Volaille (1/4)	0.70
Bœuf braisé...........	0.25	Filet de bœuf...........	0.60
Rôti de bœuf ou de veau.	0.25	Pigeon aux petits pois...	0.60
Veau milanaise.....	0.25	Rognons broch. ou madère	0.40
Gigot rôti.............	0.25	Bifteack, Cervelle, Côtelette	0.40
Choucroûte jambon	0.25	Tripes à la mode de Caen.	0.40
Thon maître d'hôtel	0.25		

Fromages et Desserts assortis

CARTE TRÈS VARIÉE TOUS LES JOURS

Café....................................	La tasse	0.20
Fine Champagne..........................	Le verre	0.25
Rhum vieux Jamaïque.....................	»	0.25
Véritable marc...........................	»	0.25
Véritable Chartreuse......................	»	0.50

LYON, 7, rue Puits-Gaillot, 7, LYON

DROITS D'ATTACHES

et de Stationnement des

Bêtes de somme ou de trait, Voitures, Carrioles, Brouettes, etc.

PENDANT LA DURÉE DES

MARCHÉS

DANS LES SIX ARRONDISSEMENTS DE LYON

du 1er janvier 1896 au 31 décembre 1900

CAHIER DES CHARGES

AVEC NOTES ET OBSERVATIONS

A l'usage des Propriétaires, Cultivateurs et Maraîchers

PAR

M. J.-B. PIAUBERT

Directeur de Contentieux, Ancien Officier Ministériel

Prix : 50 cent.

EN VENTE CHEZ TH. GRASSER

AGENCE GÉNÉRALE DES JOURNAUX

5, Rue Thomassin, 5

LYON

LISTE

DES

Localités desservies par les Voituriers de l'Hôtel de l'Isère

M. Guillaud-Paulin. — Grand-Lemps, Chabons, Biol, Morvel, Doissin, Bizonnes, Château-Vilain, Torchefelon, Tramolée, Montrevel, Nivolas. — *Vendredi.*

M. Guillot-Champier. — La Combe-des-Epars, Eclose, Badignières, Champier, Motier, Flachère, Eydoche, St-Didier-de-Bizonnes, Nivolas. — *Vendredi.*

M. Molard. — Fours, Roche, Charantonnay. — *Vendredi.*

M. Buener. — Champier, Nivolas, Eydoche, Badignières, Eclose, Flachère, Nantoin. — *Vendredi.*

M. Michalou. — St-Georges, Heyrieu, Diémoz. — *Samedi.*

M. Chavret. — Satolas, Bonce, Colombier. — *Samedi.*

M. Perrin. — Toussieux. — *Tous les jours.*

M. Vacher. — Mions, Chaponnay. — *Samedi.*

M. Fournier — Valencin. — *Jeudi* et *Samedi.*

M. Aynard. — Frontenas. — *Samedi.*

MM. Glandu et Maury. — Gilonais. — *Samedi.*

NOTICE

Plusieurs procès ayant été engagés depuis peu par le **Fermier des Droits d'attaches des Marchés de la ville de Lyon** *contre divers cultivateurs, j'ai pensé qu'il pouvait être utile aux propriétaires, cultivateurs ou maraîchers de connaître la cause des procès dont il s'agit et aussi le texte même du Cahier des charges qui régle les rapports et les droits de l'Administration, du Fermier et du Public.*

Dans les notes qui vont suivre, j'ai indiqué la cause des procès, la procédure suivie et les décisions rendues par M. le Juge de Paix du 8e canton de Lyon à la date du 8 décembre 1896.

Les annotations que j'ai cru devoir mettre en regard du texte du Cahier des charges ont pour but d'essayer de dégager le **sens réel** *de* **l'ensemble des clauses** *du Cahier des charges.*

J'accueillerai avec reconnaissance tous les renseignements, toutes les rectifications ou avis qui pourront m'être adressés.

M. J.-B. PIAUBERT,
Directeur de Contentieux,
Défenseur au Tribunal de Commerce,
7, rue des Archers, 7,
Lyon.

Cabinet de 4 à 7 heures du soir (excepté les dimanches et lundis).

PRESSOIR RATIONNEL

AVEC ROTULE OU SANS ROTULE

PRESSOIR BOIS
PRESSOIR ACIER
PRESSOIR FONTE

PRESSES A HUILE, FOULOIRS & ÉGRAPPOIRS
CASSE-POMMES
LIVRAISONS DE VIS ET FERRURES SEULES
Transformation des anciens Pressoirs

35,000 Appareils vendus
avec garantie

Récompenses de 1er ordre obtenues à toutes les Expositions et Concours.

LYON 1894 – MÉDAILLES D'OR – BORDEAUX 1895

Etienne MEUNIER & Fils

Constructeurs-Fondeurs
35-37-39, rue St-Michel, LYON-Guillotière
Demander le Catalogue illustré. Envoi franco

DESTRUCTION INFAILLIBLE
DES

SOURIS ! RATS ! TAUPES !

PAR LES

Grains Suisses Empoisonnés

La boite : **0.60**. Un seul grain tue une souris.

VENTE EN GROS CHEZ L'INVENTEUR :

GUYOT, 4, rue Saint-Dominique, LYON

et chez tous les Marchands et Epiciers

Dépositaires principaux : L. BÉAL, boulevard Beaumarchais, Paris ; NEYRET et CHAUTIN, droguistes, St-Etienne ; THUNIN, rue Magenta, 22, Marseille ; ETÈVE, rue Barillerie, à Nantes ; CLERJET-DUCHEMIN, à Dijon.

PROCÈS

Engagés à la requête de M. Jean VERNAISON contre Divers Maraîchers, Propriétaires ou Cultivateurs

---

La cause du Procès

Voici le cas litigieux : un cultivateur arrive au lieu où se tient le marché, il arrête son cheval, descend de sa voiture, décharge *immédiatement* ses produits sur l'emplacement du marché où il paye sa place, puis, sans désemparer, va remiser sa bête et son véhicule dans une écurie, en dehors de la voie publique, c'est-à-dire dans une auberge à proximité.

Le fermier des droits d'attache prétend, dans le cas ci-dessus bien précisé, pouvoir réclamer, outre le prix de la place occupée sur le marché par les produits que le cultivateur vient d'y déposer, encore *quinze centimes* pour droit de stationnement du cheval et de la voiture pendant le temps du déchargement.

Le cultivateur se refuse à payer, en donnant pour motifs que les « précédents fermiers des Marchés » n'ont jamais réclamé un droit de stationnement dans le cas spécial dont il s'agit, qu'au surplus le « droit d'attache, de garde et de stationnement » est le prix *de l'écurie en plein air*, d'un louage, de services rendus, prix qui n'est exigible que de celui-là seul dont l'attelage a été *remisé*, plus ou moins longtemps, peu importe, *pendant la durée des Marchés, sur les emplacements des attaches désignés par l'Administration.*

Le fermier des Attaches persiste à exiger le paiement des *quinze centimes*, et, sur le refus du cultivateur, M. Jean Vernaison, prétendant agir « en qualité d'adjudicataire des droits d'attaches de la ville de Lyon » fait citer le cultivateur devant un des tribunaux de Paix de Lyon, celui dans le canton duquel le paiement du droit d'attache a été contesté et refusé :

ainsi, par exemple, si c'est au marché de la Guillotière, que le cultivateur a refusé de payer, M. Vernaison le fait citer devant la Justice de Paix du 8e canton de Lyon (Guillotière). — Si le différend s'est élevé au marché du quai de l'Archevêché, le cultivateur est cité devant la Justice de Paix du 6e canton (Petit Collège, à St-Jean.)

La citation de M. Vernaison est généralement libellée comme suit :

« Aux fins de s'entendre condamner à payer au requérant « la somme de *quinze centimes* pour droit de stationnement « d'une voiture attelée, amenant des marchandises au marché « du quai de   le   novembre 1896, etc., etc. »

L'action ainsi intentée par M. Vernaison est-elle recevable?

Cette action doit-elle être portée devant la Justice de Paix du lieu ou le payement a été contesté et refusé ?

Ou bien le fermier doit-il actionner, conformément au droit commun, devant la Justice de Paix du *domicile du défendeur ?*

Si le cahier des charges contient des clauses ambigües et que les parties en cause contestent sur le sens général et sur l'interprétation qui doit être donnée aux clauses du cahier des charges, le Juge de Paix doit-il, en cas de doute sur la difficulté d'interprétation du cahier des charges, dressé par l'Administration, surseoir à statuer et renvoyer les parties devant les Tribunaux administratifs, pour faire interpréter le cahier des charges ?

Enfin,

Quel est, d'après le sens général du cahier des charges, l'opinion raisonnée qu'on doit se faire sur la question litigieuse, en prenant pour base : le simple bon sens, la logique, l'équité et *l'intérêt général des habitants de la ville de Lyon et du public ?*

Je vais essayer d'examiner sommairement ces quatre questions.

SUR LE PREMIER POINT

L'action intentée à la requête de M. Jean Vernaison n'est *pas recevable* ; en effet, c'est à tort qu'il se qualifie, dans les citations, « adjudicataire des droits d'attaches de la ville de Lyon ».

Le véritable adjudicataire est M. Perrichon (Pierre), marchand de grains, rue St-Cyr, nº 68, (voyez procès-verbal d'adjudication, pages 44 et 45).

Si M. Vernaison a acheté les droits de M. Perrichon, il faut qu'il signifie la cession qui lui a été consentie, et cela avant d'assigner les cultivateurs (article 1690 du Code civil.) Or, M. Vernaison a fait citer *avant* d'avoir fait aucune signification de cession.

Cependant M. Perrichon a été autorisé à se substituer M. Vernaison, aux termes d'une délibération du Conseil Municipal de Lyon, du 13 avril 1896, dont le compte rendu a été affiché le lendemain.

Mais n'est-ce pas là un expédient, ayant pour unique but de *masquer une cession* pouvant donner lieu à la perception d'un droit d'enregistrement élevé, cession qui n'a dû être consentie, par Perrichon, en faveur de Vernaison, *son concurrent*, que moyennant profit et bénéfice?

(Voir le Procès-verbal d'adjudication, pages 44 et 45).

SUR LE DEUXIÈME POINT

M. Vernaison ne s'inquiète pas de savoir quel est le Juge de Paix du domicile de son adversaire.

Il prétend que, s'agissant de droits d'attaches, de garde ou de stationnement, le paiement de ces redevances est *assimilable au payement des droits d'octroi*; que, par conséquent, le Juge de Paix du lieu où s'est produit le refus de payer est compétent.

Cette prétention de M. Vernaison paraît pouvoir être sérieusement contestée.

En effet,

D'abord, qu'est ce que l'action intentée par M. Vernaison devant M. le Juge de Paix?

C'est incontestablement une action *civile*, c'est une demande en paiement : 1° d'une somme d'argent pour droits de stationnement; 2° d'une autre somme d'argent à titre de dommages-intérêts.

C'est bien là une action purement personnelle et mobilière, prévue par l'article 1er de la loi du 25 mai 1838; or, aux termes de l'article 2 du Code de Procédure civile, qui règle la procédure devant les Justices de Paix, « en matière « purement personnelle et mobilière, la citation doit être « donnée devant le *Juge du domicile du défendeur* ».

M. Vernaison, sans s'expliquer sur sa demande en dommages-intérêts, prétend que, les droits d'octroi et les droits d'attache, c'est tout comme, qu'il n'y a pas de différence.

Telle n'est pas l'opinion de Dalloz (voyez Jurisprudence Générale, au titre Halles, Foires, Marchés, n° 79) où il est dit :

« Les perceptions que le Fermier a droit de faire ont lieu « conformément aux Tarifs; il est substitué à la commune « pour ces perceptions: les règlements de police les facilitent « et les assurent par des mesures préventives et répressives. « Mais le droit à percevoir sur chaque occupant (dans les « Halles, Foires et Marchés) **n'est qu'un droit de location.**

« Le Fermier, comme la commune elle-même, n'a donc, « pour se faire payer ces prix de location, qu'une *action civile*,

« *Les contraventions aux règlements de police* ne peuvent, « au contraire, donner lieu qu'à une *action publique*, etc., « etc. ».

Les Juges de Paix ne peuvent connaître que des matières qui leur sont *expressément attribuées par des lois spéciales* et il ne doit pas être permis d'étendre leur compétence *par voie d'analogie*;

M. Vernaison ne fait pas la distinction qui existe, au point de vue de la compétence *territoriale*, lorsque le Juge de paix siège comme juge de *Police* et lorsqu'il siège comme Juge *Civil*.

Dalloz, dans sa Jurisprudence Générale, au titre de la *Compétence civile des Tribunaux de Paix, n° 14*, fait observer « que les attributions du Juge de Paix en matière civile sont « essentiellement distinctes et doivent demeurer nettement « séparées de ses attributions de Police ».

Vernaison a cité des arrêts d'espèces où il s'agissait du Fermier qui actionnait la commune, tandis que, dans notre cas, il s'agit du fermier qui actionne un particulier.

Par conséquent, le cultivateur domicilié hors de la ville de

Lyon et qui a été cité devant une Justice de Paix de Lyon, dans les conditions ci-dessus rappelées, peut proposer, à mon avis, l'exception d'incompétence tirée de l'article 2 du Code de procédure civile et demander son renvoi devant la Justice de Paix de son domicile.

SUR LE TROISIÈME POINT

Le cahier des charges imposé au fermier, pour l'adjudication des droits d'attaches, contient des *clauses ambigües* ;

Mais toutes les clauses de ce cahier des charges doivent être interprétées les *unes par les autres*, en donnant à chacune le sens qui résulte de l'acte entier, et cela conformément aux dispositions de l'article 1161 du Code civil.

Pour juger si, dans le cas spécial en litige, la somme réclamée est due ou ne l'est pas, il est nécessaire d'examiner le cahier des charges *dans son entier, d'en pénétrer l'intention, d'interpréter les clauses les unes par les autres* et de dégager le *sens et la portée* qui doivent être donnés à chacune de ses clauses, en se conformant aux dispositions des articles 1156, 1157, 1158, 1159, 1160, 1161 du Code civil.

Or, d'un côté, M. Vernaison prend, dans l'article 2 du cahier des charges, une clause d'après laquelle *sont soumis aux droits d'attache les voitures et charrettes, attelées ou non,* « **amenant** *des approvisionnements sur les marchés ou à la* « *ville* **et stationnant** *dans les rues ou impasses, quais, ports* « *et places.* »

M. Vernaison *isole cette clause* et il l'interprète à son profit, sans s'inquiéter des autres clauses, ni de l'esprit, ni du sens général de l'acte entier.

D'un autre côté, l'adversaire de M. Vernaison, conteste la prétention du fermier des attaches, et il fait remarquer :

1° Qu'aux termes de l'article 1er du Cahier des charges l'adjudication concerne *l'attache et la garde, sur les emplacements indiqués* par l'Administration, des bêtes de somme et de trait, voitures, charrettes, etc.

2° Qu'aux termes de l'article 2 du Cahier des charges, ne peuvent être considérées comme étant soumises aux droits d'attaches que les voitures, charrettes, etc., attelées ou non qui ont été *remisées* par le fermier, *pendant la durée des marchés, sur les emplacements des attaches* ;

3° Qu'aux termes de l'article 8 du Cahier des charges, chacun a le droit, *sans pouvoir en être empêché par le fermier, de remiser* ses bêtes *dans des écuries situées en dehors des voies publiques.*

4° Qu'aux termes de l'article 6 du Cahier des charges, les droits que le fermier est autorisé à percevoir sont :

1° *Le prix. — Indemnité d'occupation temporaire* ou *location* de la place occupée sur le lieu de stationnement.

2° Le prix des *divers services définis dans l'article* 5 du Cahier des charges, c'est-à-dire de la *prise en charge et responsabilité des bêtes et véhicules remisés*, de *l'attache*, de *la garde*, des *soins à donner*, *abreuvage*, *distribution des rations* aux bêtes remisées, etc., etc.

5° Que n'ayant *rien confié* au fermier qui n'a *rien remisé*, il n'est pas dû des droits d'attaches, de garde et de stationnement.

Que dans le cas litigieux, c'est *l'article 8 qui est applicable* et que cet article 8 doit être compris dans le sens de l'exonération du droit d'attache, de garde et de stationnement, au profit de celui qui va remiser ses bêtes et véhicules, dans des écuries situées en dehors des voies publiques, sans quoi cet article 8 serait un *non sens* et une *dérision* ; mais on ne peut supposer que l'Administration a voulu créer un non sens et se moquer du public.

En présence de l'interprétation contraire donnée par les parties, aux clauses du Cahier des charges, en présence des *clauses ambigües* de certains articles, en présence du doute, je serais d'avis que M. le Juge de Paix pourrait surseoir à statuer et renvoyer les parties devant les tribunaux administratifs pour faire interpréter les clauses ambigües et contradictoires du Cahier des charges.

SUR LE QUATRIÈME POINT

En me référant aux observations qui précèdent, je suis convaincu que l'Administration n'a pas entendu assujettir indistinctement au payement des mêmes droits, aussi bien ceux qui font stationner leurs chevaux et voitures sur la voie publique *pendant toute la durée des marchés,* que celui qui arrive, décharge ses produits sur le marché (où il paie sa place comme les autres), et va de suite remiser son cheval et sa voiture dans une auberge (*dans une écurie située en dehors des voies publiques*). Ce serait illogique et contraire à l'intérêt général.

L'intérêt général du public, l'intérêt général des habitants de la ville de Lyon consiste, non pas à *encourager les stationnements prolongés* de chevaux et voitures le long des voies publiques pendant toute la durée des marchés, car ces stationnements prolongés, pendant lesquels *le fermier doit donner à boire et à manger aux bêtes remisées,* créent un *danger réel,* surtout l'été, où les bêtes attelées sont exposées au soleil, aux piqûres des mouches et des autres insectes et *sont sujettes à s'échapper et à causer des accidents.*

L'Administration a voulu évidemment, dans l'intérêt de la sécurité publique, dans l'intérêt des nombreux commerçants tenant hôtel ou auberge aux abords des marchés, exonérer des droits d'attache celui qui, venant apporter ses produits au marché, ne fait pas stationner son attelage sur la voie publique, mais, au contraire, va remiser cet attelage dans des écuries situées en dehors de la voie publique (Article 8 du Cahier des charges). Dans ce cas, le *danger pour le public est diminué,* les animaux sont abreuvés et peuvent manger leurs rations dans de bien meilleures conditions que sur la voie publique ; enfin les commerçants de la ville, hôteliers, aubergistes, y trouvent également leur compte. C'est la seule interprétation rationnelle que l'on puisse donner à l'article 8.

Mais alors, dira le fermier des Marchés, comment expliquez-vous la clause, insérée dans l'article 2 du cahier des charges, aux termes de laquelle « sont soumises aux droits d'attache les « voitures, charrettes, carrioles...... attelées ou non ..... « *amenant* des approvisionnements aux-marchés ou à la ville « *et stationnant* dans les rues, impasses, quais, ports et « places. »

Voici comment j'interprète cette clause :

L'administration a reconnu qu'il y a des individus amenant aux marchés ou à la ville des approvisionnements et qui, pour économiser, non ent des frais d'auberge ou d'écurie, mais même les droits d'attache sur les emplacements concédés au fermier, cherchent à *esquiver toute dépense*, en faisant stationner leurs voitures, charrettes, carrioles, brouettes et bêtes de trait ou de somme sur des voies publiques, *en dehors* des endroits fixés par l'Administration pour ce stationnement, là où il n'y pas de police organisée, pas de gardien, *pas de droits à payer*.

C'est pour ces gens-là que la 1ère clause de l'article 2 du cahier des charges a été faite, ainsi que la 2me clause de l'article 8.

Peut-être aussi l'Administration a-t-elle voulu empêcher un *abus* qui s'était produit, ou aurait pu se produire; par exemple : le fait d'un individu arrivant en ville avec des approvisionnements et qui, au lieu de se rendre sur le marché, chercherait à vendre *sur sa voiture même, en stationnant* sur les voies publiques, afin d'échapper, par ce moyen, tout à la fois :

1° Au paiement du droit de place sur le marché.

2° Au paiement des droits d'attache, de garde et de stationnement sur les emplacements réservés à cet effet par l'Administration.

Cette interprétation de l'article 2 du cahier des charges rapprochée des dispositions des articles 1er, 5, 6 et 8 de ce même cahier des charges, paraît parfaitement plausible.

En effet, si le fermier trouve une voiture ou bête *amenant* des approvisionnements aux marchés ou à la ville et ayant pris station, ou vaguant sur la voie publique, en dehors des endroits fixés par l'Administration, il a le droit de les faire conduire *d'office* aux dits endroits et d'exiger le payement du droit d'attache.

M. J.-B. PIAUBERT.

JUGEMENT

Extrait des minutes du Greffe de la Justice de Paix du huitième Canton de la Ville de Lyon, département du Rhône.

RÉPUBLIQUE FRANÇAISE

AU NOM DU PEUPLE FRANÇAIS

Le Tribunal de paix, du huitième canton de la ville de Lyon, séant en audience publique en son prétoire ordinaire, sis à Lyon, Grande-rue de la Guillotière, nº 55, le mardi, 8, huit du mois de décembre, mil huit cent quatre vingt-seize, à onze heures et demie du matin, a rendu le jugement, dont la teneur suit :

Entre :

M. Jean Vernaison, demeurant à Lyon, quai Claude-Bernard, nº 4,

Agissant en qualité d'adjudicataire des droits d'attaches de la ville de Lyon.

Demandeur comparant en personne

D'une part.

Et

M. Jean Merlin, propriétaire et jardinier, demeurant à Saint-Pierre de Chandieu, canton d'Heyrieux (Isère).

Défendeur comparant en personne, assisté de M. Piaubert. défenseur, son conseil, demeurant à Lyon, rue des Archers, nº 7.

D'autre part.

Faits

Suivant exploit dûment enregistré, de l'huissier Fonfroide, de Saint-Symphorien d'Ozon, en date du treize novembre 1896, le demandeur a fait citer le défendeur à comparaître en personne, à l'audience du 17, même mois,

Aux Fins :

De s'entendre condamner, pour y être ensuite contraint par toutes les voies de droit, à payer au requérant la somme de *quinze centimes*, pour droits de stationnement d'une voiture attelée, amenant des marchandises au marché du quai de la Guillotière, le mercredi, 11 novembre 1896, et la somme de *cinquante francs*, à titre de dommages-intérêts, pour refus injustifié de paiement et pour tous stationnements antérieurs, plus intérêts de droit et tous les dépens.

Sous toutes réserves,

L'affaire mise au rôle et appelée, le demandeur a déclaré persister dans sa demande

Le sieur Merlin a pris les conclusions suivantes :

« *Plaise à M. le Juge de Paix :*

« Dire et prononcer que Vernaison ne justifie pas de la « qualité d'adjudicataire des droits d'attaches de la ville de « Lyon, qu'il a prise dans la citation ;

« Que, par ce seul motif, son action est non recevable.

Subsidiairement :

« Dire et prononcer que l'action dudit M. Vernaison est « une action civile, une demande en paiement d'une somme « d'argent, par conséquent une demande personnelle et mobi- « lière, laquelle, aux termes de l'article 2 du code de procé- « dure civile, aurait dû être intentée devant le juge de Paix, « du domicile du défendeur, d'où il suit qu'en l'espèce le « tribunal de Paix du huitième canton de Lyon est incom- « pétent « *ratione loci* ».

Très subsidiairement :

« Dire et prononcer que certaines clauses du Cahier des « charges étant obscures et ambigües et les parties étant con- « traires sur le sens exact et l'interprétation qui doit être

« donnée aux articles 2, 6 et 8 dudit Cahier des charges, il y « a lieu de surseoir à statuer jusqu'à ce que l'autorité admi- « nistrative se soit prononcée sur l'interprétation des diverses « clauses litigieuses en donnant à chacune le sens qui doit « résulter de l'acte entier, conformément aux dispositions de « l'article 1161 du Code civil ;

Plus subsidiairement encore ; **sur le fond** :

« Que le sieur Merlin n'ayant fait que décharger les mar- « chandises par lui amenées au marché, où sa voiture n'a « pas stationné, et ayant ensuite immédiatement conduit cette « voiture dans une remise située hors de la voie publique, il « ne saurait être débiteur d'un droit d'attache vis-à-vis de « Vernaison auquel il n'a rien confié, qui n'a rien attaché, ni « gardé pour lui ;

« Dire et prononcer que Vernaison est condamné aux « dépens ;

« *Et, statuant sur la demande reconventionnelle que le « défendeur forme à la barre :*

« Dire et prononcer que ledit M. Vernaison est condamné « à payer au défendeur une somme de *cinquante francs* à « titre de dommages-intérêts pour le préjudice qu'il lui a « causé en l'actionnant, quoique sans qualité pour le faire, « et en l'obligeant à venir se défendre devant le Tribunal « de Paix de Lyon. »

Après renvoi à l'audience du mardi premier décembre, la cause a été appelée de nouveau ledit jour.

Me Létant, avocat, conseil de M. Vernaison, a discuté les diverses exceptions préjudicielles soulevées par Merlin et développé, au fond, les moyens de Vernaison, à l'appui de la demande de celui-ci.

M. Piaubert, défenseur, conseil de M. Merlin, s'est expliqué au nom de ce dernier, tant sur les exceptions, dans lesquelles il a déclaré persister, que subsidiairement sur le fond du procès.

Les débats ont été clos et l'affaire, mise en délibéré, renvoyée à l'audience de ce jour, 8 décembre, pour la prononciation du jugement qui a été rendu en ces termes :

Nous, Juge de Paix :

Sur le défaut de qualité :

Attendu que Vernaison a suffisamment justifié à la barre

que dans la séance extraordinaire du Conseil Municipal de Lyon, du 13 avril 1896, dont le compte rendu a été affiché le lendemain, il a été donné connaissance au Conseil d'une pétition en date du 27 décembre 1895, par laquelle le sieur Perrichon Pierre, domicilié à Lyon, rue Saint-Cyr, n° 68, adjudicataire de la ferme du droit d'attache des bêtes de somme et de trait pour les années 1896, 1897, 1898, 1899 et 1900 inclusivement, exposait qu'il a porté les enchères de la ferme des droits d'attaches, lors de l'adjudication du 27 décembre 1895, pour le compte de M. Jean Vernaison, demeurant à Lyon, quai Claude-Bernard, n° 4, et demandait à l'Administration de vouloir bien accepter, en son lieu et place, M. Vernaison, lequel déclarait, de son côté, accepter cette substitution et les obligations qu'elle pouvait comporter;

Que sur le rapport favorable de M. l'ingénieur en chef directeur du service de la Voirie municipale, le Conseil, sa commission des Finances entendue, a ratifié la substitution proposée par Perrichon et acceptée par Vernaison.

Que la qualité de ce dernier se trouve dès lors suffisamment établie ;

Sur l'incompétence de ce tribunal « *ratione loci* » :

Attendu que les droits de place perçus dans les halles et marchés, les droits de stationnement sur la voie publique, établis en vertu de tarifs régulièrement approuvés par l'autorité administrative compétente, sont en réalité des taxes indirectes autorisées par l'article 133 de la loi du 5 avril 1884 et de même nature que les taxes d'octroi ;

Que, par suite, les contestations relatives à la perception de ces droits entre la ville, ou le fermier substitué aux droits de la ville, et les particuliers doivent être jugées comme en matière d'octroi ;

Que ces principes résultent d'une jurisprudence constante et de nombreux arrêts du Conseil d'Etat ;

(*Voir notamment l'arrêt du 17 avril 1891*);

Que, dans ces conditions, les contestations élevées sur l'application du tarif ou sur la quotité et le paiement des droits fixés par ledit tarif, doivent être portées devant le juge de paix où siège la municipalité qui les a édictés et dans l'arrondissement duquel se trouve le lieu de perception.

Sur la demande de renvoi à fin d'interprétation devant l'autorité administrative :

Attendu que c'est à l'autorité judiciaire seule qu'il appartient, ainsi qu'il vient d'être dit, de connaître des contestations qui peuvent s'élever au sujet du recouvrement des droits perçus par les communes, pour stationnement sur la voie publique, en vertu de tarifs régulièrement approuvés, d'interpréter ces tarifs, d'en assurer l'exécution et de décider si les droits réclamés par la commune ou son fermier sont réellement dûs.

Que les tarifs invoqués par Vernaison à l'appui de sa demande nous paraissent d'ailleurs rédigés en termes suffisamment clairs et précis pour qu'il ne soit point nécessaire de recourir à une procédure spéciale d'interprétation.

Au fond et sur la demande principale:

Attendu que Vernaison réclame à Merlin, le paiement de la somme de *quinze centimes* pour droit de *stationnement* d'une voiture attelée sur le quai de la Guillotière, en vertu du règlement général établi par l'autorité Municipale, approuvé par M. le Préfet du Rhône et publié, ayant servi de Cahier des Charges pour l'adjudication du droit d'attache des bêtes de somme et de trait dans les six arrondissements de Lyon pour les années 1896 à 1900, tranchée le 27 décembre 1895, en faveur de Perrichon, aux droits et obligations duquel il a été régulièrement substitué ; 2° et la somme de *cinquante francs* à titre de *dommages-intérêts ponr refus injustifié de paiement* et pour tous stationnements antérieurs.

Que Merlin, d'autre part, soutient ne rien devoir à Vernaison auquel il n'a confié ni bête de somme à attacher, ni voiture à garder, auquel il n'a demandé et duquel il n'a reçu aucun service.

Attendu qu'avant d'examiner si le règlement invoqué par Vernaison, lui confère le droit de percevoir la taxe dont il réclame aujourd'hui le paiement à Merlin, il convient d'établir tout d'abord exactement les faits servant de base à la demande.

Que les deux parties sont d'accord pour reconnaître que le *11 novembre dernier, Merlin a amené au marché du quai de la Guillotière au moyen d'une voiture dite jardinière attelée d'un cheval* des marchandises destinées à l'approvisionnement dudit marché.

Qu'après un arrêt des quelques minutes strictement nécessaires pour le déchargement de ces marchandises, Merlin a immédiatement emmené son attelage chez l'hôtelier Guigue, rue Chaponnay, n° 4, où cheval et voiture ont été placés dans *une remise située hors de la voie publique.*

Que cependant Vernaison n'en estime pas moins avoir droit à la perception d'un droit d'attache ou de stationnement de quinze centimes, en vertu des articles 2 et 6 du Cahier des charges précité, lesdits articles ainsi conçus :

ART. 2. — ANIMAUX ET VOITURES SOUMIS AUX DROITS D'ATTACHE.— Sont soumis aux droits d'attache, les voitures et charrettes, carrioles, brouettes et généralement tout moyen de transport attelé ou non, ainsi que les bêtes de somme et de trait remisées pendant la durée des marchés sur les emplacements des attaches **ou bien** amenant des approvisionnements aux marchés ou à la ville et *stationnant* dans les rues ou impasses, quais, ports et places :

Sont exceptées : les voitures, charrettes, carrioles, brouettes, bêtes de somme, venant charger, après le coup de cloche annonçant la fermeture des marchés, ou qui s'arrêteraient « devant une habitation, un magasin, un entrepôt quelconque, « pendant le temps strictement nécessaire pour y recevoir ou « y déposer un chargement ou une marchandise ; les voitures « et carrioles des marchands rouleurs allant de porte en « porte distribuer. . . . .

. . . .

ART. 6. — TARIF DU DROIT DE STATIONNEMENT. — « Pour « tous les services définis en l'article ci-dessus (*Obliga-* « *tions du fermier vis-à-vis du public*) le fermier est autorisé « à percevoir, une fois par jour, quel que soit le nombre « des stations :

« **Dix centimes** par bête de trait ou de somme.

« **Cinq centimes** par voiture, carriole ou brouette,

« Ce droit sera payé au moment du *dépôt* des objets *sur les* « *lieux d'attache* ; le paiement en sera constaté par un ticket « que le fermier remettra au déposant.

« Les frais de perception sont à sa charge et défense
« expresse lui est faite d'exiger de plus fortes rémunérations.

« .... »

Que Vernaison soutient que le cas de Merlin tombe dans l'application de ce texte : ... » **ou bien** *amenant des approvisionnements aux marchés ou à la ville* **et stationnant** *dans les rues, impasses, quais, ports et places.*

Que cette interprétation est confirmée, suivant lui, par le deuxième paragraphe de cet art. 2 qui fait exception en faveur des voitures, charrettes, carrioles, brouettes, bêtes de somme *venant charger après le coup de cloche* annonçant la fermeture des marchés, ou qui s'arrêteraient *devant une habitation, un magasin, un entrepôt quelconque, pendant le temps strictement nécessaire pour y recevoir ou déposer un chargement ou une marchandise* ;

Qu'en effet, déclare-t-il, s'il est fait une exception pour les voitures qui viennent charger *après le coup de cloche* annonçant la fermeture des marchés, c'est bien que celles qui viennent charger ou décharger *avant le coup de cloche* ne sont point dispensées du paiement du droit, et que, de même si une exception est faite en faveur des voitures qui s'arrêtent pendant le temps strictement nécessaire pour recevoir ou déposer un chargement devant *un magasin, un entrepôt, ou une habitation*, c'est bien que celles qui font ailleurs, au marché même, ce même stationnement ou arrêt, sont et restent soumises au droit ;

Attendu qu'il y a lieu de rechercher, avant tout, quel est le sens de ces mots : « **et stationnant dans les rues ou impasses, quais, ports et places ;**

Attendu qu'on ne saurait admettre le sens étroit donné par Vernaison au mot : *station ou stationnement* qu'il définit ainsi : « *arrêt, même de la durée la plus minime, le temps suffisant pour s'appuyer sur un pied et repartir de l'autre.* »

Qu'il est certain que les mots *station, stationnement* dans le langage administratif doivent s'entendre d'un séjour prolongé sur un point quelconque de la ville ;

Que le lieu de *stationnement* des voitures de place, par exemple, est l'endroit où séjournent ordinairement ces voitures pour y attendre les voyageurs et non l'endroit quelconque où elles s'arrêtent ensuite quelques minutes ou quelques secondes pour quitter ces voyageurs ;

Que *tel est bien le sens donné à ce mot, dans le cahier des charges même* dont les termes sont soumis à notre examen, par l'art. 8, qui déclare que nul n'a le droit de *prendre station* qu'aux endroits fixés par l'administration, ce qui, évidemment, ne saurait être une interdiction absolue de s'arrêter ailleurs, même quelques minutes, pour cause de nécessité :

Attendu que si l'on considère par suite, l'arrêt très court et tout à fait momentané de la voiture maraîchère sur le marché pendant le temps strictement nécessaire pour y déposer une marchandise comme ne tombant pas sous les prescriptions du premier paragraphe de l'art. 2 du règlement, il devient inutile de rechercher si cet arrêt de quelques instants est compris, ou non, dans les exceptions du deuxième paragraphe du même article ;

Que, cependant, il est facile de trouver un autre sens que celui donné par Vernaison aux exceptions de l'art. 2 et qu'on peut dire, non sans raison, que ces exceptions visent les voitures qui, après avoir déposé sur le marché, sans autre arrêt que le temps strictement nécessaire, des marchandises pour l'approvisionnement, vont se remiser dans un lieu fermé et font un nouvel arrêt, en s'y rendant, devant une habitation particulière, un magasin, un entrepôt, ou reviennent après le coup de cloche reprendre un chargement sur le marché ; ces voitures ne devant pas, dans ces deux cas, être considérées comme tombant sous le coup des prescriptions, qui vont être ci-après expliquées, de l'art. 8 ;

Mais attendu que si quelque doute pouvait subsister sur la véritable portée du règlement invoqué à la lecture de l'art. 2, ce doute disparaît bien vite lorsqu'on examine le règlement dans son ensemble et si on interprète ses divers articles les uns par les autres, conformément aux prescriptions de l'art. 1161 du Code civil ;

Qu'il convient de remarquer, tout d'abord, que l'objet de l'adjudication donnée à Vernaison est relatif à *l'attache* et *la garde* sur les emplacements indiqués par l'Administration des bêtes de somme et de trait, des voitures, charrettes, carrioles, brouettes et généralement tout moyen de transport, ainsi que l'exploitation des droits qui en dépendent, c'est-à-dire qui dépendent de cette *attache* et de cette *garde* (art. 1er du Cahier des charges);

Qu'après avoir déterminé dans les art. 3 et 4 quels sont les lieux *d'attache*, dans quelles conditions seront *reçus et gardés* les objets à attacher; dans l'art. 5, les services que le public, *qui lui a confié* des bêtes ou véhicules, est en droit de réclamer du fermier, ce même règlement fixe dans son art. 6, paragraphe premier, quelle rémunération ce fermier pourra exiger *pour tous les services qu'il aura rendus* (ou aura été appelé à rendre) et stipulés dans le paragraphe troisième du même article, que la somme due au fermier lui sera payée au moment *du* **dépôt** *des objets sur les lieux d'attache et que ce paiement sera constaté par un ticket que le fermier remettra au* **déposant**;

Que par suite, le fermier n'a aucun droit à percevoir, de celui dont il n'a point reçu *de dépôt*, dont il n'a point mis les bêtes ou voitures à *l'attache*;

Que cependant, pour assurer l'exécution du règlement et sauvegarder les droits du fermier, il est ordonné à l'article 8 que nul n'a le droit de *prendre station* ailleurs qu'aux endroits fixés par l'administration: que si quelqu'un le fait néanmoins, le fermier pourra faire conduire, d'office, aux dits endroits, toute voiture ou bête qui vaguerait sur la voie publique et ne serait point dans un des cas d'exception prévus par l'art. 2;

Que, pour l'exécution de cette dernière disposition et pour la garantie de ses droits, le fermier est autorisé à requérir le concours des agents de la force publique;

Que chacun pourtant a le droit, sans pouvoir en être empêché par le fermier, de remiser ses bêtes dans des écuries situées en dehors des voies publiques;

Attendu que, de l'ensemble de ces dispositions, il résulte, en définitive, que, pendant la durée des marchés, nul ne peut remiser ses voitures ailleurs que dans des écuries ou remises situées hors de la voie publique, ou sur les voies publiques mêmes, aux endroits fixés par l'Administration, *sous la garde du fermier*, qui, pour *cette garde*, pour *les services* qu'il pourrait être appelé à rendre, pour *les responsabilités mises à sa charge* par *suite du dépôt effectué entre ses mains*, a droit à la rémunération fixée par l'art. 6 du Cahier des charges;

Que *ce dépôt*, s'il n'a pas été fait *volontairement*, entre ses mains, *le sera d'office*, lorsque les voitures ou bêtes seront trouvées vaguant sur la voie publique, et la rémunération due en ce cas, comme dans le cas de dépôt volontaire;

Qu'au contraire, ne doivent aucune rémunération au fermier, ceux qui, après avoir amené leurs marchandises *à l'ouverture du marché* et les y avoir déposées, ont immédiatement, et sans nouvel arrêt, emmené leurs bêtes et voitures, pour y être remisées, dans une écurie ou remise privées, hors de la voie publique, ce qui est le cas du sieur Merlin;

Que c'est ainsi, du reste, que le Cahier des charges, dont la rédaction actuelle n'a pas été modifiée depuis 1890, a toujours été interprété, jusqu'à ce jour, par les intéressés eux-mêmes;

Que le fermier de la précédente adjudication (de 1890 à 1895) n'a jamais exigé le paiement du droit réclamé aujourd'hui par Vernaison, dans les cas identiques à celui qui nous occupe;

Que, sans doute, un usage ou une tolérance, même prolongée, ne sauraient abroger un droit.

Mais qu'on ne saurait admettre que le précédent fermier ait entendu user de tolérance en renonçant à titre purement gracieux en faveur de personnes de lui inconnues, pour la presque totalité, à une perception relativement importante, s'il se fût cru en droit de l'exiger.

Attendu, enfin, que le règlement invoqué constituant une véritable restriction des droits des citoyens, s'il peut être appliqué rigoureusement, doit l'être tout au moins dans un sens plutôt étroit.

Sur la demande en dommages-intérêts :

Attendu que, de tout ce que dessus, il résulte suffisamment qu'elle n'est pas justifiée;

Sur la demande reconventionnelle :

Attendu que la réclamation faite en justice d'un droit, même insuffisamment justifié, ne peut donner lieu à dommages-intérêts que si elle a été faite de mauvaise foi, ou tout au moins avec une légèreté et une témérité telles qu'elles puissent être regardées comme une véritable faute;

Que ces circonstances ne se rencontrent point dans la demande du sieur Vernaison et que, par suite, la condamnation de ce dernier aux dépens, constituera une réparation suffisante.

Par ces motifs :

Statuant contradictoirement et en premier ressort :

Rejetons les exceptions de défaut de qualité, d'incompétence et de demande de renvoi en interprétation formulées par le sieur Merlin,

Au fond :

Déclarons Vernaison mal fondé en sa demande et l'en déboutons;

Rejetons, également comme non justifiée la demande reconventionnelle de Merlin;

Condamnons Vernaison en tous les dépens de l'instance, lesquels, par lui avancés sont liquidés à cinq francs soixante centimes et ce outre et non compris les coût et légitimes accessoires du présent jugement;

Ainsi fait et prononcé par nous Joseph Bal, juge de Paix du huitième canton de la ville de Lyon, assisté de Me Hilaire Breton, greffier de cette justice de Paix, en notre audience publique du mardi, huit décembre, mil huit cent quatre-vingt seize.

En foi de quoi le présent jugement a été signé à la minute, par M. le juge de paix et le greffier.

Ainsi signé : Bal, juge de Paix
Breton, greffier

En marge de la minute est écrite la mention d'enregistrement ainsi qu'il suit :

Enregistré à Lyon, le dix-huit décembre 1896, fo 92 ce 20. Reçu un franc ving-cinq centimes

Signé : Lautard

En conséquence le Président de la République Française mande et ordonne à tous huissiers sur ce requis de mettre le présent jugement à exécution.

Aux procureurs généraux et aux procureurs de la République, près les tribunaux de première instance d'y tenir la main;

A tous commandants et officiers de la force publique de prêter main forte en cas de nécessité et lorsqu'ils en seront régulièrement requis pour l'exécution du présent jugement.

Grosse en vingt-quatre rôles destinée au défendeur et certifiée conforme à un jugement rendu dans une instance introduite par citation du treize novembre 1896, délivrée sur papier libre en exécution de la loi du 26 janvier 1892. art. 12.

Le greffier,

signé : BRETON.

TEXTE OFFICIEL DU CAHIER DES CHARGES

ARTICLE PREMIER.

Objet de l'Adjudication.

L'adjudication concerne *l'attache et la garde, sur les emplacements indiqués par l'administration* des bêtes de somme et de trait, des voitures, charrettes, carrioles, brouettes et généralement tout moyen de transport, ainsi que l'exploitation des droits qui en dépendent, pendant les six années entières qui prendront cours le 1er janvier 1896 pour finir le 31 décembre 1900.

ART. 2.

Animaux et Voitures soumis aux droits d'attache

Sont soumis aux droits d'attache : les voitures, charrettes, carrioles, brouettes et généralement tout moyen de transport, attelé ou non, ainsi que les bêtes de somme et de trait, *remisés, pendant la durée des marchés*, **ou bien** *amenant des approvisionnements aux marchés ou à la ville et stationnant* dans les rues ou impasses, quais, ports et places.

Sont exceptés :

Les voitures, charrettes carrioles et brouettes, bêtes de somme, *venant charger, après le coup de cloche* annonçant la fermeture des marchés ou qui s'*arrêteraient devant une habitation, un magasin, un entrepôt quelconque, pendant le*

NOTES ET OBSERVATIONS

Cet article détermine l'objet de l'adjudication et par conséquent la *nature du droit* qui pourra être réclamé par l'adjudicataire ou fermier.

Il s'agit de *l'attache, de la garde, sur des emplacements déterminés*, des bêtes de somme et de trait, voitures, charrettes, etc., pendant la durée des marchés.

Ce droit c'est le prix de *l'écurie et remise en plein air*, que le fermier est autorisé à exploiter, *pour la facilité du cultivateur.*

Cet article a eu pour but de soumettre aux droits d'attaches deux catégories de redevables. Pour *la première catégorie*, la rédaction ne peut prêter à *aucune équivoque*, aussi pas de difficulté dans ce cas.

Il n'en est pas de même pour la suite de l'article dont la rédaction est ambigüe, à partir des mots : **ou bien**.

Le fermier des droits d'attaches *isole* cette deuxième clause de l'article 2, il l'interprète à son profit, sans s'inquiéter des autres clauses, ni de l'esprit, ni du sens général du Cahier des charges pris dans son entier et il dit : « Vous ne pouvez « nier que vous *amenez* des appro-

temps strictement nécessaire pour y recevoir ou déposer un chargement ou une marchandise; les voitures et carrioles des *marchands rouleurs* allant de porte en porte distribuer les denrées telles que lait, légumes, viandes, etc.; les chevaux, mulets, ânes, voitures, charrettes amenés chaque semaine au marché aux chevaux *pour y être vendus*; les omnibus, diligences, carrioles et voitures de roulage qui se trouveraient sur la voie publique, avec ou sans autorisation, en tant que ces voitures ne seront *pas destinées aux approvisionnements des marchés* et enfin les voitures ou charrettes attelées ou non, pour lesquelles un *stationnement particulier* a été ou serait consenti par l'administration.

« visionnements au marché ou à la « ville ; vous ne pouvez nier que « pendant le temps nécessaire pour « le déchargement de vos produits « sur le terrain que vous occupez « au marché, votre cheval et votre « votre voiture *stationnent* dans « une rue, une impasse, quai, port, « ou place, donc vous tombez sous « l'application de la deuxième clause « de l'art. 2 du Cahier des charges, « et vous êtes tenu de me payer les « droits d'attache. »

Cette interprétation est erronée, illogique et contraire à toutes les règles de l'équité et de la justice.

Comment !

Je ne profite pas de votre *écurie en plein air*, vous n'attachez pas mon attelage, vous ne le gardez pas, vous n'êtes pas responsable, et vous voulez me faire payer l'écurie, alors que je vais remiser dans une autre écurie située en dehors de la voie publique, conformément à la faculté qui m'est accordée par l'article 8 du Cahier des charges ! !

Et vous me réclamez des droits d'attache, dont la perception est autorisée par l'art. 6, dans les termes suivants :

« **Pour tous les services** « définis à l'art. 5, le fermier est au- « torisé à percevoir....... ». Mais quels services m'avez-vous rendus M. le fermier ? Lisez l'art, 5 et répondez-moi ensuite.

Si l'administration autorise et tolère la tenue *d'une écurie et remise en plein air*, *c'est pour faciliter les cultivateurs*; mais elle a voulu aussi, dans l'intérêt de la sécurité publique, dans l'intérêt des nombreux commerçants tenant hôtel ou auberge aux abords des marchés, exonérer des droits d'attaches celui qui, venant apporter ses produits au marché, ne fait pas stationner son attelage sur la voie publique, toute *la durée d'un marché* (de 4 à 9 heures l'été), mais au contraire va remiser cet attelage en dehors des voies publiques, où les animaux ne sont pas sujets à *s'échapper et occasionner des accidents.*

C'est pour cela que le dernier paragraphe de l'art. 8 a été fait.

Mais alors, dira le fermier, comment expliquez-vous la clause du Cahier des charges, aux termes de laquelle « sont soumis aux droits « d'attache les voitures, charrettes, carrioles... attelées ou non .. « *amenant* des approvisionnements « aux marchés ou à la ville et *sta-* « *tionnant* dans les rues, impasses, « quais, ports et places ? »

Voici comment j'interprète cette clause : L'administration a reconnu qu'il y a des individus amenant aux marchés ou à la ville des approvisionnements et qui, pour économiser non seulement des frais d'auberge, mais même les droits d'attache sur les emplacements concédés au fermier, cherchent à *esquiver toute dépense* en faisant stationner leurs voitures, charrettes, carrioles, brouettes, bêtes de trait ou de somme sur des voies publiques, *en dehors des endroits fixés par l'administration*, là où il n'y a pas de police organisée, pas de gardien, pas de droits à payer.

C'est pour ces gens-là que la deuxième clause de l'art. 2, ainsi que la première clause de l'art. 8 du Cahier des charges, ont été faites.

ART. 3. — **Emplacements des attaches.**

Les emplacements des attaches sont désignés dans le tableau ci-après ; les débouchés des rues et des escaliers devront toujours être laissés libres, ainsi que les entrées des portes cochères :

Arrondissts	DÉSIGNATION DES LIEUX	OBSERVATIONS
1er	Quai St-Clair............	Entre la place Tolozan et la place St-Clair (côté de la promenade.)
	Quai de la Pêcherie.......	De la rue Longue à la rue Constantine, le long de la promenade.
	Place du Perron..........	
	Place Colbert............	
	Place Morel..............	
	Place Sathonay...........	Le pourtour de la place, face à la statue Jacquard.
	Place de la Martinière	Derrière les Halles.
2e	Place Bellecour..........	Du bureau des voitures de place à la rue du Peyrat, côté de la promenade et du jardin Bellecour.
	Quai St-Antoine..........	Du pont Nemours au pont du Palais-de Justice, le long de la promenade et sur le bas port entre les deux ponts désignés.
	Quai des Célestins........	Du pont du Palais au pont Tilsitt, côté de la promenade.
	Place Perrache...........	De la rue Victor-Hugo, en longeant la promenade, côté nord-est, jusqu'au cours du Midi.
	Quai de Retz.............	De la rue Gentil au pont Lafayette, le long de la promenade.
	Rue Ste-Claire...........	Du n° 4 au n° 6, en longeant le trottoir côté ouest.
	Promenade du cours du Midi	
	Rues Claudia et Buisson....	
3e	Place St-Louis...........	De l'Hospice des Vieillards, en longeant la place St-Louis, jusqu'à la rue du Béguin.
	Quai de la Guillotière......	Du pont Lafayette à la place Raspail, le long de la promenade.
	Rue Garibaldi............	De la rue Dunoir à la rue Mazenod, côté ouest de la promenade.
4e	Boulevard de la Croix-Rousse	De la rue Raymond à la rue Tourette, côté sud.

Arrondiss^ts	DÉSIGNATION DES LIEUX	OBSERVATIONS
4e	Place Belfort.............	
	Place de la Boucle........	De la rue Lafayette au bureau des poids publics, côté des façades.
5e	Quai de l'Archevêché......	Sur tous les points où il existera 6 m. de trottoir au premier rail de la ligne des tramways.
	Quai de Bondy............	
	Quai Pierre-Scize.........	
	Place St-Paul............	Côté Nord.
	Rue Octavio-Mey	
	Place de la Commanderie...	
	Place de Choulans.........	
	Place du Change..........	
	Place du Petit-Change	
	Devant le Palais de Justice.	
	Avenue de l'Archevêché....	
	Place St-Jean............	Dans tout son pourtour et rue de la Brèche.
	Rue de l'Ancienne-Douane..	
	Place Gerson.............	
	Place du Gouvernement	
	Quai de Vaise............	Partout où il existera 6 mètres de trottoir au premier rail de la ligne des tramways.
	Place St-Georges..........	
6e	Quai des Brotteaux	Du pont Morand à la passerelle du Collège, en longeant la promenade.
	Place des Hospices	En longeant la promenade du côté sud de la place.
	Place St-Pothin	Entre la rue de Créqui et la rue de Vendôme (côté nord), en longeant la promenade.
	Boulevard des Brotteaux....	Côté sud de la bordure du trottoir longeant la gare sur le boulevard.
	Boulevard du Nord........	En face le fort des Charpennes.

L'administration se réserve expressément la faculté de modifier et de changer les emplacements désignés, sans qu'il puisse y avoir lieu à demander indemnité de la part du fermier.

Art. 4.

Modes d'attache et rangement des voitures

Partout ailleurs que sur les quais où se tiennent les marchés, les bêtes seront attachées au moyen de cordes adaptées à des piquets volants ou à des anneaux scellés dans les murs, placés aux frais et par les soins du fermier.

Les anneaux scellés ne pourront être placés qu'avec l'autorisation spéciale de l'Ingénieur en chef, directeur de la Voirie, et en se conformant à ses indications.

Les bêtes destinées à l'attache devront être munies de *licols, par les soins de leurs propriétaires*; les voitures, charrettes et carrioles seront munies d'une *chaine cadenassée, destinée à entraver les roues.*

Cette chaine sera fournie par le déposant au moment du dépôt des objets. Le fermier pourra se refuser à recevoir tout attelage, voiture, carriole etc., ne satisfaisant pas aux dispositions ci-dessus.

Pour tout ce qui concerne l'arrangement et le placement des bêtes de somme, ou des charrettes, le fermier sera expressément tenu de se conformer aux ordres qui lui seront donnés par l'Ingénieur en chef, directeur de la Voirie, ou son délégué, sous les peines de droit, en cas de contravention.

Il devra notamment laisser des passages suffisants, en face des escaliers les plus fréquentés des quais et sur tous les autres points qui pourraient lui être désignés.

Les limites de stationnement sur les emplacements désignés seront indi-

Les voitures, charrettes et carrioles doivent être munies d'une *chaine cadenassée*, destinée à entraver les roues.

Cette chaine doit être fournie par le déposant.

Qui doit fournir le cadenas ?

A mon avis, c'est le fermier, lequel étant responsable, aura seul la clef du cadenas ; afin que personne autre que lui, ne puisse l'ouvrir, en sorte que si une bête attelée s'échappe, si une carriole est volée, le fermier ne pourra contester sa responsabilité.

quées par des plaques indicatives emmanchées sur des tiges de fer. Ces plaques, qui seront aux frais du fermier, seront toujours placées sur les points qui lui seront indiqués, de manière à ne porter aucun obstacle à la circulation.

Elles devront porter en tête :

« LIMITES DES ATTACHES »

et au-dessous le tarif des prix.

Lorsque les lieux désignés pour les attaches seront parcourus par des lignes de tramways, les voitures seront disposées en long dans tous les cas où il n'y aura pas six mètres de largeur entre le trottoir et le rail le plus voisin.

Les roues devront être enrayées et calées au besoin.

ART. 5.

Obligations du fermier vis à-vis du public.

Le fermier recevra des mains des déposants les bêtes, voitures, charrettes et carrioles à remiser sur les lieux d'attache.

Il pourvoiera et veillera à leur arrangement.

Il demeurera responsable des chevaux, ânes, mulets, voitures ou charrettes qui lui auront été confiés : ils devra, en conséquence, se munir d'un nombre suffisant de plaques qu'il remettra à chaque propriétaire, en échange des bêtes ou voitures qui auront été laissées à sa garde.

Il sera obligé d'abreuver les bêtes et de leur distribuer les rations mises à sa disposition par les propriétaires, en se conformant à leurs instructions.

Le cultivateur, en arrivant sur l'emplacement du marché, doit trouver le fermier, ou ses préposés, à leur poste et en nombre suffisant pour assurer le service.

Le fermier seul est chargé de ranger les bêtes de somme ou de trait, voitures, charrettes, carrioles, etc.

Il doit être muni d'un *nombre suffisant de plaques, qu'il remettra à chaque propriétaire en échange des bêtes ou voitures* qui lui seront confiées.

Tant que le propriétaire n'a pas reçu *sa plaque*, le fermier n'est pas censé avoir reçu de dépôt, il peut dire qu'il n'est pas responsable.

Il sera tenu de payer la valeur des chevaux, mulets, ânes ou voitures qui lui auraient été remis, dans les conditions déterminées par le paragraphe 2 de l'art. 4, qu'il ne représenterait pas aux personnes qui les lui auraient confiés, au moment où ces personnes se présenteront pour les retirer.

Cette valeur sera déterminée à l'amiable, ou par les Tribunaux.

Toutefois, le fermier sera obligé de remettre immédiatement aux propriétaires la somme fixée provisoirement par l'Ingénieur en chef, directeur de la Voirie, ou son délégué, comme valeur représentative des dits animaux ou voitures.

En cas de contestation, le débat sera immédiatement porté devant les Tribunaux par la partie la plus diligente.

Il ne sera pas responsable des paquets, effets ou objets de toute nature qui seraient laissés sur les bêtes ou les voitures, tout dépôt de ce genre demeurant aux périls et risques des propriétaires.

Le fermier sera tenu de délivrer au déposant un ticket servant pour tous les marchés de la même nature.

Si un cheval s'échappe et cause des accidents, tant pis pour le propriétaire qui n'a pas sa plaque.

Le fermier doit *abreuver* les bêtes et leur *aistribuer les rations conformément aux instructions qu'il a reçues.*

Outre la plaque, le fermier doit encore remettre aux déposants un ticket constatant le paiement des droits d'attache.

Le fermier n'est pas responsable des paquets, effets ou objets qui seraient laissés sur les bêtes ou les voitures.

Art. 6.

Tarif du droit de stationnement.

Pour tous les services rendus définis dans l'article ci-dessus, le fermier est autorisé à percevoir, une seule fois par jour, quel que soit le nombre des stations :

Dix centimes *par bête de trait ou de somme;*

Cinq centimes *par voiture, carriole ou brouette.*

Cet article doit être rapproché des articles 1, 2, 5 et 8 du Cahier des Charges.

Les dispositions de ces articles s'expliquent et se justifient les unes par les autres.

Il convient de remarquer que les cultivateurs ont la faculté de laisser en dépôt au fermier leur voiture

Ce droit sera payé au moment du dépôt des objets sur les lieux d'attache ; le payement en sera constaté par un ticket que le fermier remettra au déposant.

Les frais de perception sont à sa charge et défense expresse lui est faite d'exiger de plus fortes rémunérations, sous quelque prétexte que ce soit, sous peine de poursuites, conformément aux lois, sans préjudice des droits des tiers,

Le fermier est autorisé à traiter, de gré à gré, avec les intéressés, pour des abonnements au mois, trimestriels ou à l'année.

Art. 7.

Obligations du fermier vis-à-vis de l'Administration.

Les lieux d'attaches devront être immédiatement évacués, une heure après la clôture des marchés.

Le fermier n'a nul droit de propriété sur le fumier produit sur les lieux et les détritus tombés à terre.

Le balayage des emplacements incombe à sa charge ; mais il sera fait par les soins de la Voirie et, pour indemniser la Ville de cette dépense, le fermier sera tenu de verser annuellement, à la Recette municipale, une somme de quinze cents francs ; cette somme sera versée, en deux termes égaux, le 1er janvier et le 1er juillet de chaque année.

Le prix annuel auquel la ferme aura été adjugée sera versé à la Caisse municipale, en douze paiements égaux, de mois en mois, à partir du 31 janvier 1896.

Si, par le fait de l'attache des bêtes de somme, des dégradations étaient

seulement pour **cinq centimes**, et de mettre leurs bêtes de trait ou de somme à l'hôtel.

occasionnées aux banquettes ou aux arbres existant sur les emplacements affectés à cette attache, le fermier en deviendrait responsable et il devrait les faire réparer ou remplacer à ses frais.

A défaut la Voirie municipale y fera procéder d'office et aux frais du fermier.

Le fermier sera tenu de se conformer à tous les ordres qui lui seront donnés, tant par les agents de la voirie que par ceux de la police.

ART. 8.

Conditions particulières

Nul n'a le droit de *prendre station* qu'aux endroits fixés par l'administration ou qui le seraient par la suite.

Le fermier sera, en conséquence, expressément autorisé à faire conduire, d'office, aux dits endroits, toutes voitures ou bêtes qui vagueraient sur la voie publique et qui ne se trouveraient pas dans les cas d'exception prévus en l'art. 2.

Le fermier pourra requérir le concours des agents de l'Administration pour l'exécution des prescriptions ci-dessus.

Chacun a le droit, sans pouvoir en être empêché par le fermier, de remiser ses bêtes dans des écuries situées en dehors des voies publiques.

Il est à remarquer que l'expression *prendre station*, dans le langage administratif, n'est pas toujours synonyme de l'expression *stationner*.

On peut *stationner* quelquefois sur la voie publique sans encourir pour cela de contravention, par exemple : le temps nécessaire pour laisser monter ou descendre un voyageur (Fiacres, Omnibus, Tramways), pour remettre en place le harnais qui s'est déplacé, pour vérifier si un cheval, qui vient de tomber, s'est fait beaucoup de mal, pour décharger ou charger une voiture charrette ou carriole, etc., etc. ; tandis que *pour prendre station* sur la voie publique, il faut en général, une autorisation.

Le second paragraphe de l'art. 8 vise le cas spécial indiqué à la fin des notes en regard de l'article 2, c'est-à-dire le cas d'un individu qui, amenant des approvisionnements au marché ou à la ville, ou venant de décharger ces approvisionnements sur le marché, au lieu d'aller remiser son attelage, soit à l'auberge, soit sur les emplacements des attaches, voudrait *esquiver toute dépense* et irait remiser subrepticement son attelage, pendant la durée du marché dans une impasse, une rue détournée, un bas port, une voie publique quelconque, *mais hors des endroits fixés par l'Administration*, c'est-à-dire là où il n'y a pas de police organisée, pas de gardien, *mais aussi pas de droit d'attache à payer*.

Cet individu, en agissant ainsi, cause un danger pour la sécurité publique, il contrevient aux règlement et c'est à bon droit que l'Administration autorise le fermier, dans ce cas, à faire conduire *d'office* cet attelage sur le lieu des attaches et à percevoir les droits.

Enfin la dernière disposition de cet article *exonère des droits d'attache* ceux qui ne se servent pas de *l'écurie en plein air*, mise à leur disposition par l'Administration mais qui vont, au contraire, remiser leurs attelages dans des écuries situées en dehors des voies publiques.

ART. 9.

Cautionnement.

Pour sûreté et garantie des conditions de paiement ou autres contenues dans le présent cahier des charges, l'adjudicataire sera tenu de verser à la Caisse municipale. dans les quinze jours qui suivront l'adjudication, à titre de cautionnement, une somme égale au cinquième de son prix annuel de ferme. Cette somme, versée chez le receveur municipal, sera déposée à la caisse du Mont-de-Piété de Lyon, jusqu'à l'expiration du bail.

Les intérêts produits par ce cautionnement suivant le taux fixé pour les dépôts à la caisse du Mont-de-Piété, seront payés, au fermier, à la fin de chaque année, par les soins du receveur municipal.

Art. 10.

Mode d'ajudication.

L'adjudication aura lieu aux enchères, à la bougie éteinte, et elle sera tranchée au profit du plus offrant et dernier enchérisseur, sur la mise à prix fixée à : cinquante-cinq mille francs.

Les surenchères ne pourront être moindres que cent francs. L'adjudication sera nulle si les surenchères n'atteignent pas un minimum fixé par l'administration, dont la désignation sera faite dans un pli fermé, qui ne sera ouvert qu'après la fin des enchères.

Art. 11.

Conditions pour être admis à l'adjudication.

Nul ne sera admis à concourir à la ferme s'il ne produit les pièces suivantes :

1° Un certificat constatant qu'il est patenté et inscrit sur les listes électorales ;

2° Un certificat constatant qu'il est de bonne vie et mœurs ;

3° Un récépissé, délivré par le receveur municipal, du versement dans la caisse de la ville d'une somme de mille francs, à titre de cautionnement provisoire.

Le cautionnement provisoire sera immédiatement rendu à ceux des concurrents qui n'auront pas obtenu l'adjudication. Celui de l'adjudicataire seul sera retenu et formera un à-compte sur le montant du cautionnement définitif prescrit à l'art. 7.

ART. 12.

Les frais d'affiches, timbre, enregistrement, d'expédition, impression du présent cahier des charges, à 150 exemplaires, et tous autres frais auxquels l'adjudication aura donné lieu sont à la charge de l'adjudicataire et seront payés par lui à première réquisition, sur état réglé par l'administration.

L'impression du cahier des charges devra être confiée à l'adjudicataire de la fourniture des imprimés municipaux.

Dressé par l'Ingénieur de la Voirie publique soussigné :

Lyon, le 10 juin 1895,

Signé : COLLIEX.

Vérifié et proposé :

L'Ingénieur en chef directeur,

Signé : RESAL.

Procès-verbal d'Adjudication

L'an mil huit cent quatre vingt quinze et le vingt-sept décembre.

Nous, Serin, adjoint délégué par M. le Maire de Lyon, agissant au nom et pour le compte de la Ville de Lyon, assisté de MM. Affre et Ferra, membres du Conseil Municipal de la Ville et de M. l'ingénieur en chef du service de la Voirie ;

Nous sommes rendus dans l'une des salles de l'Hôtel-de-Ville, à l'effet de procéder, par la voie des enchères publiques, à l'adjudication de la ferme générale du droit d'attache des bêtes de somme et de trait dans l'étendue des six arrondissements de Lyon pendant les années 1896, 1897, 1898 1899 et 1900.

La séance étant ouverte et le public introduit, nous avons invité les personnes présentes, voulant concourir à l'adjudication, à justifier du dépôt de garantie exigé par le Cahier des charges.

Sept personnes ont répondu à cette invitation en déposant chacune sur le bureau le récépissé de dépôt de la somme de mille francs.

De l'avis de MM. les membres de la Commission, nous avons admis les dites personnes à concourir à l'adjudication à laquelle nous avons procédé de la manière suivante savoir :

Lot unique : **Mise à prix : 55.000 francs.**

Une première bougie ayant été allumée, le sieur *Perrichon* a fait offre de la somme de 55.100 fr.

Plusieurs bougies ayant été successivement allumées, les sieurs *Gras*, *Bourjaillat*, *Mandon*, *Benoit*, *Vernaison et Perrichon* ont fait diverses offres, qui ont élevé les enchères à la somme de 60.400 fr.

Enfin le sieur Perrichon a porté l'enchère à la somme de 60.600 fr.

Trois autres bougies ayant été allumées successivement, sans qu'aucune offre supérieure ait été faite, *nous avons déclaré le sieur Perrichon, marchand de grains, demeurant à Lyon, rue St-Cyr, 68, adjudicataire de la ferme du droit d'attache* des bêtes de somme et de trait dans l'étendue des six arrondissements de Lyon pendant les années 1896, 1897, 1898, 1899 et 1900 moyennant la somme de soixante mille six cents francs par an, soit, pour les cinq années, 303.000 fr. Sous réserve de l'accomplissement des conditions du Cahier des charges, *ce que ledit sieur Perrichon a déclaré accepter.*

De tout ce qui précède nous avons rédigé le présent procès-verbal qui, *après lecture faite a été signé* par MM. les membres du Conseil Municipal et nous, ainsi que *par l'adjudicataire* les jour, mois et an susdits.

Le Président de la Commission :
Signé : SERIN.

L'adjudicataire :
Signé : PERRICHON.

Le Receveur de la Ville, signé : DEBOLO

Les Membres du Conseil Municipal, signé : AFFRE et FERRA.

Vu et approuvé :

Lyon, le 10 janvier 1896.

Pour le Préfet du Rhône,
Le Secrétaire général délégué,
Signé : Ernest MOULLÉ.

Pour copie conforme :
L'Adjoint délégué :
Signé : H. BERTHÉLEMY.

Enregistré à Lyon (A. Adm.) le 28 janvier 1896, f° 22, C° 8, reçu pour droit de bail et de marché, huit cent cinquante un francs 25 cent.

Signé : DELOYE.

NOTA — Par délibération du Conseil Municipal de Lyon, en date du 13 avril 1896, M. Perrichon aurait été autorisé à se substituer M. Jean Vernaison, par le motif que, lors de l'adjudication du 27 décembre 1895, Perrichon avait agi, non pas comme *concurrent* de M. Vernaison, mais comme *mandataire* et pour le compte de ce dernier.

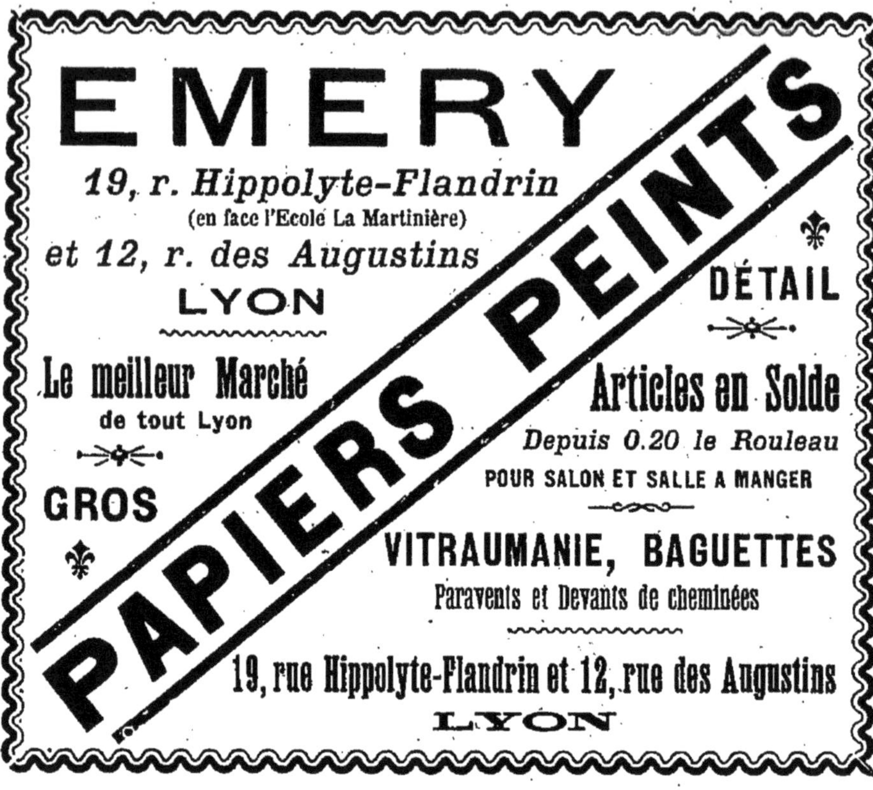

25 MÉDAILLES — 16 PREMIERS PRIX

MÉDAILLE D'ARGENT à l'Exposition Universelle de Lyon 1894

Grande médaille d'argent décernée par la Société Nationale d'Horticulture de France

MASTIC DANTIN

Qualité supérieure pour greffer à froid et cicatriser les plaies

Boites de 0.50, 1 fr., 2 fr. et 4 fr.

MASTIC-VERNIS DANTIN

S'appliquant au pinceau, spécial pour le greffage de la vigne. Applicable à toutes greffes sur sujets petits et délicats de serre et ou de plein air.

Boites de 0 fr. 60 ; 1 fr. 25 ; 2 fr. 50 et 5 francs.

Ces deux mastics se conservent indéfiniment, résistent sans altération à l'humidité, à 80° de chaleur et aux hivers les plus rigoureux.

DANTIN, Grande-Rue Guillotière, LYON et chez les principaux marchands-grainiers

---

LES PLUS HAUTES RÉCOMPENSES OBTENUES

Diplôme d'honneur, Médailles d'or, vermeil, argent, etc., etc.

QUINA BRUNO

DÉPOT TOUTES BONNES PHARMACIES

Envoi franco le litre 3,50 - par 12 litres 30 f.

Bruno-Tavernier, ph., 36, quai Fulchiron, Lyon

Les pièces en aluminium frappées au Nom et Marque de

Quina Bruno

sont reprises contre un échange de 10 pièces pour 1 litre Quina

DANS LE

MONDE ENTIER

Cafés, Épiceries Pharmacies

HÔTEL

DE LA MULE BLANCHE

Tenu par Jean GAY

Rue de la Part-Dieu, 6, LYON

(A proximité du Quai et du Marché de la Guillotière)

VASTES

ÉCURIES ET REMISES

Pension et Location de Chevaux

RESTAURANT

à Prix fixe et à la Portion

NOTA. — Le meilleur accueil est réservé à MM. les Propriétaires, Cultivateurs et Maraîchers qui nous confieront leurs chevaux ou équipages pour être remisés pendant la durée des marchés.

VALLOTTON & Cie Constructeurs-Mécaniciens

90, rue Tête-d'Or, LYON (Rhône)

285 MÉDAILLES D'OR ET ARGENT

Spécialité d'Appareils hydrauliques. — Pompes de tous systèmes, à double ou à quadruple effet.— Pompes à battants, dites pompes à palettes. — Pulsomètres économiques, Béliers hydrauliques. — Fonderie de fer, cuivre et bronze.

CONSTRUCTION SPÉCIALE de POMPES A VIN et POMPES D'ARROSAGE

verticales ou horizontales, fixes ou sur brouettes, fonctionnant à bras ou au moteur :

Robinetterie, Cuivrerie, Articles de caves et chais. — Tuyaux en caoutchouc, toile-cuir, etc. — Entreprise générale de travaux hydrauliques, plans et devis, pour châteaux, propriétés et usines.

Fabrique Spéciale de Greffoirs pour la Vigne et les Arbres

MAISON DE CONFIANCE, FONDÉE EN 1830

BOURDIN, Coutelier-Opticien

4, Place du Change, LYON

Fournisseur de plusieurs Syndicats et Ecoles de Greffage

Modèle Kunde garanti, platiné cuivre, **2** fr. **50** ; par la poste, **2** fr. **60**. **Modèle** garanti, manche buis, **1** fr. **50** ; par la poste, **1** fr. **60**. — **Pierres du Levant**, suivant grosseur, de **0** fr. **50** à **1** fr. **50** ou **5** francs le kilog. **Inciseur annulaire** dernier modèle, **4** francs.

FABRIQUE DE SÉCATEURS

Serpettes, Escofines, Croissants, Cisailles à haies, Serpes goyardes, Couteaux à asperges, etc., etc. Serpettes fermantes de jardinier, manche buis, **1.25** garanties.

Tondeuses pour Chevaux et Coiffeurs

AIGUISAGE ET RÉPARATIONS TOUS LES JOURS

Thermomètres pour Serres

L'ancienneté et la réputation de la Maison sont une garantie pour les nouveaux Clients qui voudront bien m'honorer de leurs ordres.

Imp. A. WALTENER. P. LEGENDRE, Suc. — Lyon.

CABINET PIAUBERT

Nul n'est censé ignorer la loi ; mais il faut bien convenir que beaucoup de personnes ne la connaissent que très imparfaitement et que, n'ayant fait aucune étude du Droit, elles seraient bien embarrassées pour trouver le texte qui leur manque.

Fort souvent, d'ailleurs, la loi demande des commentaires, des explications indispensables, pour la bien comprendre et l'appliquer à des cas particuliers.

Et les lois, ainsi que la procédure, sont aujourd'hui si compliquées, qu'elles ressemblent à un véritable labyrinthe dans lequel ceux qui ne sont pas initiés risquent de faire fausse route et de s'égarer à chaque pas.

Mais il n'est pas toujours facile de se renseigner, ou bien le cas paraissant de peu d'importance, on hésite devant la dépense d'une consultation.

Que de fois cependant il eût été avantageux de se bien renseigner ! Combien d'ennuis, et souvent de frais inutiles, on aurait ainsi pu éviter !

Nous avons pensé combler une lacune en facilitant au public, moyennant une rétribution minime, l'examen sérieux des questions litigieuses qui peuvent l'intéresser.

A cet effet, nous avons établi : **rue des Archers, n° 7, à Lyon**, un **CABINET DE CONSULTATIONS LITIGIEUSES**, où toute personne pourra nous soumettre, soit verbalement, soit par correspondance, les points litigieux et questions à résoudre.

Le prix d'une consultation, pr une affaire simple, est de 1 fr.
» » par correspondance...... 1.15

M. J.-B. PIAUBERT.

Toute demande de consultation par correspondance doit être accompagnée de la somme de 1 fr. 15 en un mandat ou timbres-poste.

La discrétion la plus absolue sera rigoureusement observée.

Cabinet de 4 à 7 heures du soir, tous les jours (excepté les jours fériés et le lundi).

Anc. Imp. A. Waltener. — P. Legendre et Cie, Sucrs. — Lyon.

www.ingramcontent.com/pod-product-compliance
Ingram Content Group UK Ltd.
Pitfield, Milton Keynes, MK11 3LW, UK
UKHW020441230726
13925UKWH00004B/1773